LA
LIBERTÉ ORGANISÉE

PAR

LÉON JOURNAULT

MAIRE DE SÈVRES

DÉPUTÉ DE SEINE-ET-OISE

TABLE DES CHAPITRES

Chap. I. Qui tend à démontrer qu'assimiler la Révolution à la République, c'est commettre, à tout le moins, une grosse erreur.................... 3

Chap. II. Qui continue le même sujet.......... 10

Chap. III. Qui cherche à rapprocher deux époux connus pour faire mauvais ménage.. 14

Chap. IV. D'où il résulte que si les Républicains font la République, la République fait les Républicains............... 21

Chap. V. Où l'auteur juge opportun d'appeler les autorités à son aide............... 28

Chap. VI. Où la République imite l'exemple de ce philosophe devant qui l'on niait le mouvement et qui se mit à marcher. 33

CHAPITRE PREMIER.

QUI TEND A DÉMONTRER QU'ASSIMILER LA RÉVOLUTION A LA RÉPUBLIQUE, C'EST COMMETTRE, A TOUT LE MOINS, UNE GROSSE ERREUR.

Ceux qui veulent empêcher la République de s'établir en France la représentent sous un aspect qui n'est rien moins qu'exact. La République, à les entendre, c'est la révolution en permanence, c'est-à-dire l'émeute à l'horizon et la barricade au tournant de la rue : comment le travail, le crédit, comment tout ce qui fait la gloire, la dignité, la prospérité d'un pays pourrait-il s'accommoder d'un tel gouvernement ?

Et en effet, si la République était tout cela, les royalistes auraient cent fois raison ; il n'y aurait pas moyen de maintenir la France sous un pareil régime, et les Républicains seraient bien forcés d'en prendre leur parti. Les idées, même les plus belles, doivent être des idées pratiques, pour passer dans l'application ; une nation ne vit pas seulement de théories, fussent-elles les plus généreuses du monde ; elle vit aussi du blé qu'elle sème, du coton qu'elle tisse, du fer qu'elle exploite, et à côté des besoins intellectuels auxquels il faut que le gouvernement satisfasse, il y a les besoins matériels, dont il ne faut pas faire fi.

Que la Révolution compromette ces légitimes réclamations de la prospérité publique, nous ne cherchons pas à le nier : la Révolution, c'est l'état de crise, de transition violente, la période d'agitation qui sépare un mauvais régime détruit d'un régime meilleur qu'il s'agit d'établir, c'est la fièvre du malade qui vient de subir une opération douloureuse et nécessaire. Oui, la Révolution est tout cela, et tout cela forme une situation pénible qui ne saurait se prolonger sans produire les plus fâcheuses conséquences, mais ce que nous nions, c'est que cela soit la République.

Nos adversaires, pour nous répondre, nous signalent la simultanéité du régime républicain et du régime révolutionnaire, 89 amenant 92, et les mouvements successifs de l'esprit révolutionnaire pendant la République jusqu'au moment où le premier consul met la République et la Révolution dans sa poche ; ils nous citent 1830 gros de 1848 ; ils nous citent le 4 Septembre ; puis, détournant les yeux de ces scènes d'horreur, ils nous montrent dans les perspectives lointaines ces belles années de la monarchie héréditaire où tout allait si facilement, où Saint-Louis rendait la justice sous un chêne, où Henri IV jouait au cheval avec ses enfants, où l'on n'entendait parler ni de République ni de Révolution.

On le voit, ce n'est pas seulement la République qu'il s'agit tout d'abord de défendre, c'est la Révolution, coupable d'avoir porté la main sur les splendeurs de l'ancien régime. Or, est-il besoin de le dire ? — l'histoire, sérieusement interrogée, ne partage pas pour l'ancien régime toutes les tendresses de nos adversaires. Saint Louis et Henri IV, même à les considérer comme des souverains irréprochables, sont en tout cas des exceptions trop rares pour faire preuve, et pour peu que l'on jetât un coup-d'œil sur leurs collègues, on trouverait dans la série de nos chers monarques bien des individus assez peu recommandables. Les faux monnayeurs y abondent; beaucoup sont des prodigues qui dilapident les finances de l'Etat; on y voit des poltrons qui signent des paix déshonorantes et des bravaches qui lancent le pays dans des guerres ruineuses; on y voit bon nombre d'imbécilles, d'idiots et jusqu'à un fou; la plupart sont des modèles de mauvaises mœurs.

On se rejette sur Louis XIV, pour la mémoire duquel plaident sans doute Turenne et Condé, Corneille et Molière, et l'Europe vaincue, et l'Alsace conquise; mais ces gloires et ces prestiges doivent-ils nous masquer les misères du grand siècle, les enfants du pauvre enlevés par le raccoleur, les campagnes mourant de faim, la dîme, la taille, la corvée s'unissent pour écraser le contribuable, les protestants traqués comme des bêtes fauves, quatre cent mille citoyens, les plus industrieux du royaume, proscrits pour leur religion, et la marine française détruite, et les désastres d'une dernière guerre qui mit la France à deux doigts de sa perte ? Que si nous passons de Louis XIV à ses successeurs, c'est bien pire; c'est le régent et le cardinal Dubois, ces prodiges de dévergondage et de cynisme, c'est Louis XV qui les dépasse l'un et l'autre, c'est je ne sais plus quel noble qui assassine pour voler, je ne sais plus quel prêtre qui chausse à madame Dubarry sa pantoufle, c'est à l'intérieur les infamies du Parc-aux-Cerfs, à l'extérieur les hontes de Rosbach. Et l'on reproche à la Révolution d'être venue nettoyer ces écuries d'Augias ! Ah ! plut à Dieu qu'elle eût devancé l'heure, qu'elle n'eût pas laissé à Foulon le temps de dire ce mot effroyable : « le peuple manque de pain ; on lui donnera du foin ! » Plut à Dieu qu'elle eût accumulé moins longtemps les souffrances, les injures, les vexations publiques : qu'elle n'eût pas eu avec l'ancien régime un compte si lourd à régler !

Il fallait la Révolution pour arracher la nation aux mortelles étreintes de la monarchie caduque, pour rétablir l'ordre dans les finances épuisées par les prodigalités royales, la moralité dans les habitudes domestiques corrompues par les exemples d'en haut, la liberté dans l'industrie livrée à la tyrannie des jurandes, l'égalité dans les institutions sociales confisquées au profit du petit nombre par le double monopole des emplois et de la propriété. Se figure-t-on que la royauté eût accompli elle-même toutes ces choses ? La royauté n'avait convoqué les Etats-Généraux que pour l'aider dans l'élaboration de quelques réformes financières ; dès qu'ils voulurent pousser plus avant, ainsi que les cahiers de leurs commettants leur en intimaient l'ordre, elle essaya de les dissoudre, et il ne fallut pas moins, pour lui forcer la main, que la fermeté de Bailly et la voix de Mirabeau.

Mais il faut aller plus loin ; il faut établir que ce ne fut pas la Révolution de 89 qui fit la République de 92, que ce fut la royauté elle-même qui prépara les voies à la République, qui la rendit nécessaire et inévitable à force de fautes, pour ne pas employer un mot plus sévère. L'histoire, en effet, ne nous montre-t-elle pas la royauté conspirant avec l'Allemagne le renversement de la constitution française qu'elle vient de sanctionner, puis se laissant surprendre en flagrant délit de trahison, fuyant à l'étranger, dont elle va mendier le patronage, en jetant derrière elle l'anathème sur ses sujets, apprenant ainsi à la logique populaire qu'une nation peut se passer de trône et de monarque, travaillant en un mot de ses propres mains à faire autour d'elle-même cette universelle désaffection à laquelle aucun pouvoir ne saurait résister? Voilà comment est née la République de 92. elle s'improvisa dans les esprits sous le coup de ces démonstrations saisissantes. Nous ne voulons pas dire qu'elle fut un accident : les circonstances la rendaient fatale, car Louis XVI n'avait ni le cœur assez grand ni l'intelligence assez haute pour ratifier sincèrement les conquêtes faites sur lui-même. Mais la République, — il faut bien le remarquer, ce point est grave — la République apparut à ceux qui la proclamèrent comme une mesure d'ordre et de salut, car il fallait un gouvernement à la nation, et la royauté déconsidérée ne pouvait plus l'être. C'est ainsi que les révolutionnaires de 89 devinrent, presque malgré eux, les révolutionnaires de 92; ils le devinrent non pour perpétuer la Révolution, moins encore pour en renier les résultats et les principes, mais pour les asseoir dans un ordre de choses régulier.

Tel fut leur espoir, telle fut aussi leur illusion.

L'établissement régulier entrevu, rêvé par eux, était difficile dans l'état d'excitation où se trouvaient les esprits au lendemain de la grande secousse ; les menées royalistes le rendirent absolument impossible, car c'est encore aux royalistes qu'incombe la responsabilité des catastrophes qui pesèrent sur la France, durant la période de la première République. Quelle ne fut pas l'influence de ces menées sur les agitations intérieures ? et comment les patriotes n'eussent-ils pas perdu parfois le sentiment de la mesure et de la justice, quand ils tremblaient à chaque minute pour l'existence de la patrie, quand ils la voyaient menacée par l'émigration en armes, insultée par Brunswick, trahie par Dumouriez ? La question ne se posait pas alors entre la République et la monarchie, mais entre la vie et la mort. Et voilà ce qu'il faudrait considérer, si l'on était sincère, lorsqu'on reproche à la République les malheurs et les violences de 92 et de 93. Nos pères le comprirent ; ils eurent le pressentiment des confusions malveillantes, l'instinct des dangers que ces confusions feraient courir à l'idéal républicain : ce n'était pas la République, ce régime de luttes où la violence appelait la violence, ce n'était pas le régime normal, c'était le transitoire qui se continuait, le duel persistant de la Révolution et du vieux despotisme. Ils se hâtèrent de le déclarer bien haut, pour dégager la responsabilité de la République, pour qu'on ne vînt pas lui imputer les malheurs qu'elle ne pouvait prévenir ; ils firent plus : ils l'ajournèrent et couvrirent sa figure d'un voile ; avant de vivre libres, ils se dirent qu'il fallait vivre. De là cette tension extrême de tous les ressorts du gouvernement, de là aussi Jemmapes, Wattignies, Hondschoote, Fleurus, la Vendée soumise, Toulon repris, les jeunes paysans courant pieds nus aux frontières et le drapeau tricolore balayant devant lui les armées éperdues de la coalition.

Certes, la République ne répudie pas l'héritage de ces gloires ; c'était bien pour l'idée républicaine qu'on mourait sur les champs de bataille, mais elle rejette sur ses ennemis la responsabilité des moyens révolutionnaires qu'on lui imposa pour sauver l'œuvre de la Révolution; elle la rejette sur ceux qui l'obligèrent à se défendre par la victoire, quand elle n'aspirait qu'à se fonder par la liberté !

CHAPITRE II.

QUI CONTINUE LE MÊME SUJET.

Que si nous franchissons d'un bond l'intervalle respectable durant lequel la légitimité et l'empire ont exécuté le chassez-croisez sous les yeux de la France, nous voyons, à partir de 1830, le parti républicain se mettre en tête de toutes les prises d'armes. Il se bat en 1830, et ce n'est pas sa faute si un tour de passe-passe, où la naïveté des uns vient en aide à la dextérité des autres, lui escamote la République. Il se bat en février 1848, en décembre 1851; il est sous les armes au 4 septembre 1870. Ici nos adversaires triomphent : « Vous le voyez, disent-ils, vous le confessez vous-mêmes, vous êtes le parti de l'insurrection quand même ; avec vous, pas de tranquillité possible ; vous vous battez quand vous n'avez pas la République ; quand vous la tenez, vous vous battez encore... » Et alors les aménités pleuvent : hommes de désordre, fauteurs d'anarchie, entrepreneurs d'émeutes, professeurs de barricades...

Eh! doucement, messieurs, de grâce! Trêve un moment à ce flot d'épithètes, et raisonnons sans gros mots.

Veuillez remarquer, avant toutes choses, qu'il y a

une distinction à faire dans la série, et que la longue énumération qui précède se scinde en deux classes, séparées l'une de l'autre par un tout petit événement auquel vous n'attachez peut-être pas, vous, une grande importance, mais qui, de bonne foi, ne saurait passer complétement inaperçu.

Il arriva que, un jour où Paris s'était mis en frais d'indignation, quelques hommes, réunis à l'hôtel de ville, songèrent qu'il était ridicule et odieux de laisser dans les mains d'un petit nombre le soin des destinées de la France; qu'il n'y avait aucune raison pour attribuer le monopole de la politique à ceux qui payaient un certain chiffre de contributions; que l'intelligence et le patriotisme ne se mesurent pas à l'argent; que tous, d'ailleurs, ont un égal intérêt à ce que les affaires publiques marchent bien, attendu que, quand elles marchent mal, le pauvre en souffre au moins autant que le riche; enfin qu'il y avait dans cette exclusion inique des moins favorisés sous le rapport de la fortune, une cause incessante de mécontentement, de haine, de division entre les citoyens. Voilà ce que ces hommes se dirent, et il décidèrent qu'à l'avenir il n'en serait plus ainsi. Cette petite modification porte un nom qui est resté célèbre : cela s'appelle tout simplement le suffrage universel.

Or, que ce passait-il avant cette époque, avant que le 24 février 1848 eût conféré le droit de cité, le droit de suffrage à tous ceux que leur pauvreté en écartait? Il se passait un fait grave et inévitable, parce qu'il était la conséquence forcée d'une situation mauvaise. Ceux à qui l'on déniait l'intervention, par le vote, dans les affaires publiques, et qui ne s'en considéraient pas moins comme une partie intégrante de la nation française, réclamaient une compensation, et il n'était pas admissible effectivement que ceux-ci eussent tout et ceux-là n'eussent rien ; que tous les avantages fussent réunis dans un des plateaux de la balance. Ces déshérités de la vie légale avaient, tout aussi bien que les censitaires, leurs plaintes à formuler, leurs protestations à signaler, leurs aspirations à faire connaître. Au droit des uns il fallait, en bonne logique, que correspondît le droit des autres. Puisque ceux d'en haut avaient leur privilége, ceux d'en bas voulaient avoir le leur : à vous le suffrage, à nous le fusil. C'était le droit à l'émeute, le droit à la révolution, droit essentiellement monarchique par son origine, car c'était la monarchie qui le créait en lui donnant sa raison d'être.

L'importance de ces considérations ne saurait échapper à celui qui voudrait porter un jugement équitable sur les mouvements populaires dont Paris et d'autres villes furent le théâtre de 1830 à 1848. Mais 1848 arrive, et le premier acte des révolutionnaires, c'est de condamner le droit à la révolution. L'émeute, désormais, n'a plus rien qui l'excuse ; ce n'est plus à confectionner la cartouche, c'est à exprimer le vote que doit servir le papier. Et l'excellence du principe se démontre aussitôt : une insurrection formidable éclate, si formidable que, de l'aveu même des monarchistes, nulle monarchie censitaire n'aurait pu lui tenir tête ; la République l'écrase en trois jours. Jours terribles, mais instructifs ! Quand, au lendemain de la bataille, le parti républicain fit l'analyse de tous les éléments hétérogènes qui s'étaient associés au coup de feu, il comprit que la fumée du combat impose aux plus sincères la solidarité des voisinages les plus suspects ; il comprit que le scrutin épure, en laissant dans leur minorité solitaire les intentions malhonnêtes, mais que, derrière la barricade, toutes les balles se confondent dans la promiscuité de l'homicide ; il comprit enfin, par la douloureuse leçon des événements qui suivirent, que la République ne gagne rien à la violence ; que le recours à la force est la négation du recours au vote, et que le suffrage universel, qui est la grande institution de la République, en est en même temps la garantie.

On a longuement parlé de ces deux choses, le suffrage universel et la République, soit pour les opposer, soit pour les superposer l'une à l'autre. La vérité, c'est que les deux termes sont identiques : la République, c'est le suffrage universel constitué en gouvernement. Qui possède l'un possède ou possèdera bientôt l'autre. Le suffrage universel peut s'égarer et se contredire, avoir toutes les illusions et toutes les défaillances ; tant qu'il est debout, rien n'est perdu ; la nation qui s'abandonne un jour se retrouvera le lendemain. Les royalistes n'ignorent pas que le suffrage universel est la fin de leurs espérances, qu'on ne peut mettre aux voix l'hérédité dynastique sans l'anéantir, et que la monarchie n'est pas viable sans l'hérédité ; c'est pourquoi ils regardent d'un œil profondément ennuyé ce suffrage universel, qui les agace et qui les brave, car ils savent bien que, s'ils y touchent, le fer est assez chaud pour leur brûler les doigts. Qu'ils le regardent tout à leur aise ; qu'ils s'agitent autour de lui dans leur colère impuissante ; qu'ils lui montrent le poing et lui disent des injures ; mais qu'ils ne s'avisent pas d'y toucher !

CHAPITRE III.

QUI CHERCHE A RAPPROCHER DEUX ÉPOUX CONNUS POUR FAIRE MAUVAIS MÉNAGE.

La Révolution est le combat de la liberté, la République en est l'organisation.

C'est dans cette formule que peuvent se résumer toutes les définitions, qui ont été successivement données de la République et de la Révolution comparées l'une à l'autre. La première République ne fut qu'un long combat; la République de 1848 passa dans les mains du second Bonaparte avant d'avoir rien pu fonder. Est-il possible d'assimiler à ces deux situations la situation actuelle ? Assurément non.

Ce n'est pas que nous considérions la République comme dégagée de toute inquiétude, mais elle a aujourd'hui devant elle ce qu'elle n'a jamais eu encore, à savoir, le temps de respirer, le loisir de réfléchir, l'heure ou, si l'on veut, la minute précieuse qui lui permet de dire à tous et ce qu'elle est, et ce qu'elle veut être. Jetons, en effet, un rapide coup d'œil sur sa situation.

L'étranger, plus heureux qu'il y a quatre-vingts ans, regagne lentement ses foyers; il s'en retourne vainqueur, mais lassé, tout souffrant encore des blessures que la France lui a infligées dans son désastre, affamé d'un repos qui lui est nécessaire. De ce côté, la République n'a, pour le moment, rien à craindre. Les malveillances que l'Allemagne nourrit contre elle, — car elle sent bien, avec son instinct d'ennemie, que la République ne faillira pas à sa mission réparatrice; — ces malveillances se déguisent aujourd'hui sous des formes courtoises : elle ne demande, elle ne veut que la paix; elle convie les puissances européennes à sanctionner la paix par une entente commune. Soit! la paix! nous la voulons, nous aussi, nous en avons besoin, nous aussi, et nous n'hésitons pas à le dire devant nos frères d'Alsace et de Lorraine; ils nous comprennent à demi-mot; ils savent que la barrière des Vosges, qui borne aujourd'hui l'horizon de nos yeux, ne limite pas celui de nos espérances.

A l'intérieur, la République n'a également rien à craindre. Le désarroi des partis monarchiques est au comble; ce qu'ils n'ont pu faire, quand ils avaient dans l'Assemblée nationale une incontestable majorité compacte pour détruire, comment le pourraient-ils aujourd'hui que cette majorité s'efface, se divise, se casse en morceaux, se réduit en miettes; que d'Orléans et Bourbon échangent des grimaces après avoir essayé des sourires ; que les fleurdelisés lancent des pointes aux tricolores de la droite ; aujourd'hui surtout que les républicains sont en nombre et tiennent les votes en échec? Quant aux bonapartistes, ils restent à l'écart de ces querelles parlementaires; c'est sur le pays et sur l'armée qu'ils ont la prétention d'agir; sur le pays, dont ils ont causé la ruine; sur l'armée, qu'ils ont promenée de désastre en désastre. Mais le pays et l'armée les connaissent, et celui dont ils voulaient faire leur Dumouriez n'a plus à compter qu'avec ses juges.

Le moment est donc propice pour la République, incomparablement propice; la France, qu'elle convertit chaque jour à sa cause, ne lui demande plus qu'une preuve pour se donner à elle tout entière et sans réserve. Cette preuve, il faut que la République la donne; il faut qu'elle fasse passer dans les esprits la conviction de ses vraies tendances, et qu'elle se révèle comme le gouvernement de l'ordre, en même temps qu'elle est le gouvernement de la liberté.

Si les preuves négatives étaient suffisantes, la conviction serait déjà faite, car les monarchies ont montré, par des exemples successifs, qu'elles ne sauraient porter en elles l'alliance de ces deux principes. La monarchie légitime n'était pas la liberté, car elle a eu 1830; la monarchie de juillet n'était pas la liberté, car elle a eu 1848. Nous serions tentés d'ajouter que ni l'une ni l'autre de ces deux monarchies n'était l'ordre.

C'est qu'il ne faut pas, en effet, se laisser jouer par les mots ou duper par les apparences. La ville est paisible, les boutiques sont ouvertes, le public circule; pas de coups de fusil dans les rues, pas de barricades, pas d'émeutes : ce n'est là qu'une partie de l'ordre, si les esprits ne sont pas calmes, s'il y a des mécontentements dans le peuple et des inquiétudes dans l'air. On se rappelle la phrase trop fameuse par laquelle un ministre vint annoncer, en 1832, à la tribune française, la défaite de l'insurrection polonaise, c'est-à-dire la chûte de ce noble pays, qui, en luttant pour son existence, luttait pour l'équilibre de l'Europe, et qui formait, entre l'Allemagne et la Russie, comme l'avant-garde des nations occidentales. L'ordre matériel qui régnait à Varsovie, en s'appuyant sur l'écrasement d'un peuple, pourrait-il s'appeler l'ordre? Et quel ordre les monarchies nous ont-elles donné jusqu'à ce jour, sinon cet ordre matériel dont nous parlions tout à l'heure; cet ordre essentiellement provisoire qui se traduit par des crises périodiques et des révolutions à courte échéance?

L'ordre est mieux que cela. Il est assurément l'ordre matériel, mais il est aussi, il est surtout l'ordre moral, qui, après tout, n'est autre chose que la garantie de l'ordre matériel. Il est la satisfaction donnée aux désirs légitimes, l'avenir laissé aux inspirations précoces ; il n'est le découragement pour personne, c'est-à-dire le sentiment cruel de la réclamation impossible et l'appel sanglant que la lassitude sans espoir finit par faire à la violence.

Cet ordre-là, jamais la monarchie ne pourra l'admettre, car il y aura toujours des questions sur lesquelles la monarchie ne pourra pas transiger; nous ne parlons pas de l'hérédité dynastique, parce que, sur ce point, nous aurions trop aisément gain de cause : le jour où elle se soumet au vote, la monarchie est morte. Mais prenons une autre question, celle du droit de paix et de guerre, ce redoutable écueil de la stabilité monarchique. Qu'on mette face à face un prince et un peuple qui ne s'entendent pas sur ce grave objet, et qu'on veuille bien nous dire qui des deux cèdera. Louis XVI voulait la paix quand la nation lui imposait la guerre, c'est pour cela qu'il est tombé; Napoléon III voulait la guerre quand personne ne songeait qu'à la paix, c'est pour cela qu'il est tombé à son tour.

À défaut même des questions étrangères, le conflit ne manquera pas d'éclater sur les questions intérieures. Est-il admissible qu'une monarchie se prête, sans regimber, à tous les empiétements populaires? Il ne s'agissait que d'un banquet, en 1848, et ce simple caillou a renversé l'équipage.

On nous cite l'Angleterre, libre en dépit de la forme monarchique; on nous invite, suivant l'expression consacrée, à passer le détroit; nous nous soucions peu d'entreprendre le voyage; quand on s'embarque sur mer, sait-on où le vent vous pousse? S'il prenait fantaisie au pilote, une fois au large, de nous conduire en Russie? Restons sur le continent. D'ailleurs l'exemple ne conclut pas d'une manière absolue. La reine d'Angleterre ne se mêle en rien des affaires publiques; elle accepte ce rôle; qui sait si le successeur fera de même? Et s'il accepte, à quoi bon la royauté, à quoi bon ce rouage, excellent par cela même qu'il est inutile? L'esprit français se distingue en ce sens de l'esprit anglais par une logique rigoureuse : si nous devions avoir des rois pour ne rien faire, nous en ferions l'économie.

L'ordre réel est celui qui a la liberté pour base; il n'y a pas d'ordre sans liberté, sans cet assentiment mutuel qui fait que tous acceptent l'institution existante, sauf à en obtenir légalement la modification graduelle.

Et c'est là justement que les royalistes reviennent à la charge et reprennent leur thèse. « Quoi! nous disent-ils, vous trouvez la garantie de l'ordre dans la possibilité du changement perpétuel, dans cette intervention incessante du suffrage, qui, du jour au lendemain, pourra tout remettre en question au gré d'un caprice? C'est constituer ainsi la révolution en permanence, et vous voyez bien que la République en arrive toujours là.

N'en déplaise à nos adversaires, nous maintenons notre dire : la flexibilité de l'institution est la garantie même de sa durée. Si vous êtes jamais monté, par la tempête, sur une de ces grandes colonnes qu'on appelle des phares, vous l'avez sentie trembler au souffle du vent. C'est là ce qui fait sa solidité, plus que le granit dont elle est construite, et c'est pour cela que le matelot qui l'habite y dort en sécurité : elle bouge, donc elle durera. Telle doit être l'institution gouvernementale ; il faut qu'elle reproduise les sentiments de la nation, qu'elle la suive dans ses oscillations successives, qu'elle se maintienne avec elle dans un accord constant, et non qu'elle lui oppose une résistance entêtée, qui, en définitive, aura toujours le dessous. Ces concessions-là sont faciles sous la République ; elles ne coûtent rien à l'amour-propre des gouvernants ; elles sont l'essence même du gouvernement républicain ; mais elles sont impossibles sous la monarchie, et c'est par là que les monarchies s'écroulent. Quand le peuple sera bien convaincu d'avoir le dernier mot sans employer la force, pourquoi emploierait-il la force? Pourquoi préférerait-il l'usage de la révolution violente à l'exercice de l'évolution pacifique? Car c'est entre ces deux alternatives que la question se pose : le mouvement est une des conditions, une des nécessités de la vie ; qui ne veut pas du mouvement réglé provoque la secousse.

Il ne faut pas se figurer, d'ailleurs, que, dans un gouvernement républicain, tout soit livré au hasard des caprices populaires. Ce sont là de grosses calomnies inventées pour les besoins de la cause et dans le but de discréditer les institutions républicaines. Il y a des règles même pour la souveraineté populaire, règles d'autant plus respectables et d'autant plus respectées, que c'est la souveraineté populaire qui se les trace elle-même. Les lois monarchiques sont toujours suspectes au peuple ; il se demande dans quelle proportion le monarque, dont il se défie, a pu y prendre part ; les lois républicaines n'ont point ce vice, et c'est par là qu'elles imposent une obéissance tout à la fois plus rigoureuse et plus facile.

Là est la garantie de l'ordre. Car, s'il n'y a pas d'ordre sans liberté, il n'y a pas non plus de liberté sans ordre, sans l'ordre qui collabore avec la liberté au fonctionnement régulier du mécanisme politique, la liberté ayant pour mission, en assurant tous les progrès, de modérer toutes les impatiences, l'ordre ayant pour objet de prévenir toutes les inquiétudes en rassurant tous les intérêts.

Ce double besoin de stabilité et de progrès, dans lequel s'agite toute l'activité humaine, la République est le seul gouvernement qui puisse le satisfaire, parce qu'elle est le seul gouvernement qui n'ait à prendre méfiance ni de l'ordre, ni de la liberté. Bien loin de là : c'est de leur union qu'elle résulte ; c'est au rapprochement de ces deux principes qu'elle doit l'existence ; et quand l'ordre et la liberté, réconciliés enfin après un long divorce, auront scellé leur mariage devant le peuple français, on pourra dire de ces deux époux, comme on dit dans les contes de fées, quand le prince a épousé la princesse : ils vécurent fort heureux et ils eurent une fille belle comme le jour, qu'on appela la République.

CHAPITRE IV

D'OÙ IL RÉSULTE QUE SI LES RÉPUBLICAINS FONT LA RÉPUBLIQUE, LA RÉPUBLIQUE FAIT LES RÉPUBLICAINS

La monarchie présente un singulier phénomène. Plus on en use et moins on s'y fait. Ceci est digne de remarque. Il n'y a que les choses très-particulièrement mauvaises qui aient cette spécialité. On s'habitue à l'extrême chaud et au froid extrême, on s'habitue aux mauvais lits, au mauvais vin ; Mithridate s'était habitué au poison ; mais la monarchie est un mets *sui generis*, que les estomacs français, même les plus complaisants, ne peuvent plus supporter.

La monarchie avait pourtant beau jeu. Ce gouvernement, si admirable (au dire, bien entendu, de ceux qui l'admirent), ce gouvernement, établi par Dieu même qui en a réglé le mécanisme en l'incarnant dans une famille prédestinée, avait toutes les chances pour s'attirer l'affection des peuples. A coup sûr, ce n'est pas le temps qui lui a manqué ; on lui a donné tous les délais possibles, des siècles de patience ; on croyait aux promesses de joyeux avènement, on voyait toujours les bons rois en perspective; mais il y a fin à tout, même à la longanimité des peuples, et 89 fut le premier avertissement que la nation fatiguée se résolut d'infliger à la monarchie. Elle ne tarda pas d'ailleurs à y revenir. Car cette France, qu'on se plaît à dépeindre si aventureuse et si téméraire, elle a au plus haut point le respect de l'habitude et le culte de la routine; elle voulut essayer d'une monarchie nouvelle, où elle supposait que la gloire mitigerait le despotisme : l'essai avorta en 1814 et en 1815. La France, dans sa crédulité persistante, rappela de l'exil le vieux personnel monarchique, qui répondit à sa confiance par les ordonnances de juillet; elle tourna ses regards vers d'autres princes du même sang qui lui promirent une royauté républicaine, et lui refusèrent le plus simple abaissement du cens électoral. De guerre lasse, elle remit son sort aux mains d'un maniaque, et ce dernier casse-cou des illusions monarchiques la conduisit du crime à la honte, du boulevard Montmartre aux fossés de Sedan.

L'expérience est complète; à force de prouver celles-ci leur impuissance, celles-là leur égoïsme toutes ces royautés ont jeté dans les rangs du parti républicain, imperceptible à l'origine, un appoint si considérable qu'on en est à se demander où ce parti finit, où la nation commence. Les royalistes peuvent protester contre ce discrédit de leurs idoles; immérité ou non, toujours est-il que ce discrédit existe le fait est patent; que les médecins politiques prennent le bras de la monarchie, qu'ils lui tâtent le pouls, et qu'ils nous répondent, après avoir constaté le ralentissement des pulsations, si elle n'est pas bien malade.

Coïncidence étrange ! Pendant que la monarchie

faisait des Républicains (à son corps défendant, rendons-lui cette justice), la République en faisait de son côté. Certes, il fallait un certain courage pour se dire républicain; c'était se dévouer d'avance à la prison, à l'exil, à la misère, à la mort, au sacrifice de toutes les affections et de toutes les espérances, et en dépit de tout cela l'idée républicaine conquérait sans cesse de nouveaux prosélytes, des prosélytes ardents, enthousiastes, poussant quelquefois la passion jusqu'à la fièvre, mais à la sincérité et au désintéressement desquels tous les partis ont souvent rendu hommage.

Eh bien! de ces ardents, de ces enthousiastes, ceux qui ont survécu aux luttes républicaines sont précisément aujourd'hui les plus ardents à recommander l'ordre, la paix, l'obéissance aux lois. La persécution n'étant plus là qui les irrite et les entraîne, ils ont aujourd'hui le sang-froid de la victoire assurée; ils comprennent que le temps des luttes est passé, qu'il s'agit maintenant d'organiser la République et qu'avec le maintien de la forme républicaine, la réalisation du programme démocratique n'est plus qu'une question de temps. La sécurité de l'avenir leur a donné le calme, elle leur a communiqué cet esprit de sagesse et de maturité qui les étonne encore parfois eux-mêmes; elle leur a permis de se révéler sous un jour inattendu, et de montrer que les hommes d'opposition peuvent devenir, sous l'action des circonstances, les hommes de gouvernement.

Les Républicains persisteront dans cette attitude; ils l'accuseront d'autant plus que la République s'asseoira davantage. C'est pour cela qu'ils désirent voir disparaître une assemblée qui, impuissante à constituer par elle-même, n'est puissante que pour empêcher la République de se constituer; c'est pour cela qu'ils ont hâte de voir se former, dans le parlement, cette majorité républicaine qui sera la fidèle expression de la majorité nationale, et qu'ils pressent de leurs vœux la substitution du définitif au provisoire, afin de pouvoir dire à ceux qui les traitent encore de révolutionnaires : « La France a fixé son gouvernement; il faut maintenant une révolution pour le détruire : essayez-là, si vous l'osez! .

Or, si la République, par cela seul qu'elle est le fait accompli, exerce autour d'elle cette influence salutaire parmi les vieux Républicains, quelle ne sera pas, quelle n'est pas dès aujourd'hui son influence sur tous ceux qui l'attendent à l'épreuve pour la juger sans parti pris! Elle est donc fondée, cette République aux grandes dents comme l'ogre du petit Poucet. On s'est préparé à tous les chocs, à toutes les excentricités, à toutes les aventures, à tous les désordres, et voilà que ce gouvernement donne à l'ordre plus de garanties qu'aucun autre. Alors on se rassure, on sort la tête du trou, on s'approche, on examine, et l'on se dit qu'en somme les rois coûtent cher et servent peu, quand ils ne nuisent pas, que la République a du bon, qu'elle a déjà, sinon réalisé, du moins indiqué des réformes considérables, qu'il y a effectivement bien des choses à faire et que la monarchie, qui n'a pas fait ces choses dans le passé, ne les ferait sans doute pas davantage dans l'avenir.

Ainsi se forme autour du groupe primitif, pour lui témoigner qu'il est dans la voie droite, et, s'il le fallait, pour l'y maintenir, la coalition des esprits honnêtes et sincères qui viennent à la République par haine des révolutions, et qui ne demandent au nouveau régime que le calme dont ils ont besoin, soit pour travailler, soit pour jouir du fruit de leur travait. Ce calme, la République le leur donnera, sans rien sacrifier de son programme, et en se les attachant, au contraire, par la mesure même qu'elle apportera dans la réalisation de ses idées.

Ils la verront ainsi peu à peu, suivant les indications mêmes de l'opinion publique, émonder le personnel administratif en supprimant les fonctionnaires inutiles, substituer le mérite à la faveur dans la distribution des emplois, dégager les questions religieuses des questions civiles en traçant aux unes et aux autres les limites de leur compétence, attribuer à la commune la gestion de ses intérêts particuliers ; elle ne flattera pas les esprits lâches par les vaines promesses d'une égalité injuste autant que chimérique, mais elle honorera le travail en le protégeant par des lois efficaces, mais elle élevera le respect du malheur et de la vieillesse à la hauteur d'une institution, elle aura surtout à cœur de résoudre, avec une inflexible fermeté, les deux problèmes qui se posent devant la France comme des questions de vie ou de mort : elle soumettra, sans exception, tous les citoyens valides à l'obligation du service militaire, et elle imposera sans exception, à tous les enfants et à toutes les familles, comme le plus rigoureux des devoirs, le bienfait de l'instruction.

L'instruction ! Ce sera là sa première, sa plus haute tâche, et lorsqu'elle l'aura remplie, elle aura tué dans l'œuf le germe des révolutions futures; les révolutions, en effet, c'est la monarchie qui les entretenait elle-même, en marchandant l'instruction au peuple, sans même se rendre compte du danger auquel elle s'exposait par là. Mais quoi ! elle subissait ainsi la loi fatale de son principe ; pouvait-elle répandre impunément l'instruction, élever l'esprit du peuple, lui révéler ses droits à côté de ses devoirs? Le soin de sa propre existence ne lui commandait-il pas de tenir ses sujets dans cette infériorité intellectuelle qui fait qu'on accepte plus facilement le maître? C'est par ces motifs, qu'oublieuse des doctrines de 89 et des généreuses idées soulevées à cette époque, elle amusait le peuple par des faux semblants de libéralisme en lui jetant, sous couleur de l'instruire, des lois dérisoires qui, mal faites, étaient mal appliquées. Mais elle créait ainsi l'antagonisme des classes instruites et des classes ignorantes, et quand les unes montaient à l'assaut des autres, le trône disparaissait parfois dans la mêlée. De là vient qu'aujourd'hui encore il se parle deux langues en France, de là vient que le citoyen qui veut écrire pour le peuple se croit obligé de spécialiser son style, et que les Racine, les Molière, les Corneille, les Rousseau, les Voltaire, les Lamartine, sont lettres closes pour la majorité de la nation.

La République fera disparaître ces inégalités humiliantes, elle prodiguera la lumière. Pourquoi se méfierait-elle de l'instruction populaire, elle qui n'a pas à se méfier du peuple, étant le peuple lui-même? Elle n'a rien à redouter que de l'ignorance, car il viendra un jour où il n'y aura de mauvais Français que les ignorants; mais elle a besoin de citoyens éclairés qui comprennent les affaires publiques, qui en apprécient la direction, qui sachent, en un mot, soit pour soutenir le gouvernement, soit pour le redresser, faire bon usage de leur pouvoir souverain. Par là aussi disparaîtront ces impatiences compromettantes dont les amis de la République doivent être les premiers à s'alarmer, quand tous auront appris à l'école qu'il faut laisser le fruit mûrir, avant de l'arracher

la branche, que le temps est la condition nécessaire du progrès durable, et que, sous peine de disperser la colonne, ceux qui marchent en tête doivent mesurer leur pas au pas des derniers rangs.
Ainsi sera définitivement fondée, dans la paix et union, la République. Et pour convaincre les plus timides qu'elle est également soucieuse de tous les intérêts, cette République-là n'aura pas besoin d'accoler d'épithète à son nom. Elle sera conservatrice, car elle aura le respect de tout ce qui est respectable ; elle ne voudra porter atteinte ni à la propriété ni à la famille, car elle se souviendra que la Révolution de 1789, ayant trouvé la terre dans les mains du petit nombre, l'a mise dans les mains de tous, et elle n'ignore pas que la famille est au cœur du père que la patrie est au cœur au citoyen. Mais en même temps elle sera destructive, quand il faudra l'être, comme l'a été la République américaine, quand elle s'est trouvée en face de l'esclavage ; elle sera sans pitié, tout en étant sans violence, pour les abus qui persistent, les priviléges qui s'obstinent, sachant que le meilleur moyen d'empêcher les révolutions, c'est de les prévenir en faisant leur œuvre.

CHAPITRE V.

OU L'AUTEUR JUGE OPPORTUN D'APPELER LES AUTORITÉS A SON AIDE.

Démontrer que la forme républicaine est no[n] seulement acceptée, mais invoquée, réclamé[e] exigée par l'opinion, n'est-ce pas démontrer da[ns] les termes les plus incontestables que la Républiq[ue] est la garantie de la paix publique? Si l'opinion ve[ut] que la République devienne le gouvernement dé[fi]nitif, n'est-il pas certain que le rétablissement de [la] monarchie serait le prélude de révolutions nouvelle[s] car il faut bien que dans les choses de la politiq[ue] le dernier mot appartienne à l'opinion? N'est il p[as] certain, au contraire, qu'en donnant satisfaction [à] l'opinion publique, la forme républicaine est un ga[ge] donné à l'ordre et à la tranquillité? Nous n'ignoro[ns] pas que l'opinion est mobile, qu'elle peut condamn[er] demain ce qu'elle approuve aujourd'hui, mais [la] forme républicaine, nous l'avons expliqué plus hau[t] a précisément la mobilité nécessaire pour se prêt[er] à ces modifications successives; elle a en elle tout [ce] qu'il faut pour être et pour rester le gouverneme[nt] de l'opinion.

Elle l'est dès aujourd'hui par l'adhésion des masses populaires; elle l'est aussi par l'adhésion des esprits les plus distingués qui, après lui avoir été, soit indifférents, soit hostiles, se rattachent à la République par les conversions les plus inattendues en même temps que les plus sincères.

Rappellerons-nous le mot si connu du prisonnier de Sainte-Hélène : « Dans cinquante ans, l'Europe sera républicaine ou cosaque? » Le mot n'a pas, suivant nous, la portée qu'on lui a prêtée; il est moins une prophétie qu'une malédiction. Le vaincu de l'Europe prétendait se venger d'elle en la vouant aux divinités infernales, soit à la République qu'il détestait parce qu'il l'avait trahie, soit à la barbarie moscovite dont il avait inutilement caressé l'alliance.

La République, grâce à Dieu, n'a pas besoin du patronage des prédictions napoléoniennes; à défaut de celle-là, les autorités ne lui manquent pas.

Citons en première ligne celle de l'homme considérable dont la démocratie n'accepte pas toutes les idées, mais dont elle salue la haute intelligence et dont elle admire le patriotisme. Le président de la république nous offre cet étonnant spectacle d'un homme qui, sans renier son passé, en délaisse les voies stériles et les traditions impuissantes pour s'incliner devant la loi fatale qu'il n'a ni désirée ni prévue, mais dont il reconnait l'évidence. Ce Français, qui a la passion de la patrie, n'hésite pas à proclamer que si la patrie doit être sauvée, elle le sera par la République. Et le voilà, ce vieux monarchiste, qui devient un jeune républicain pour faire cette grande œuvre du salut de la France, et le voilà qui consacre à cet immense labeur la vigueur de ce prodigieux esprit devant lequel il semble que les années s'arrêtent pour lui laisser le temps d'achever sa tâche. Oui, c'est là un étonnant et merveilleux spectacle, et quand quelque malavisé de la droite monte à la tribune pour faire à l'homme illustre, qui écoute en souriant, la méchante petite niche de lui mettre sous les yeux les écrits de sa jeunesse, ce mauvais plaisant ne s'aperçoit pas que ses malices passent à côté de l'homme et se transforment en un hommage pour l'idéal républicain : la République a fait là une conquête dont elle a le droit d'être fière.

En la personne de celui qui est aujourd'hui son premier magistrat, la République triomphe d'une longue malveillance ; elle triomphe d'un indifférent en la personne du général Chanzy. Ce vaillant soldat, auquel se rattachent les consolations de la France dans les malheurs qu'elle a traversés, ce héros de Marchenoir et de Vendôme, est né d'hier à la vie politique ; c'est lui-même qui l'a déclaré avec une entière franchise : il a eu l'honneur de commander les armées républicaines, avant de s'être demandé ce que c'est que la République ; ses préoccupations le portaient ailleurs ; mais le suffrage universel lui impose le devoir d'étudier et de résoudre la question ; il cherche, il hésite, il tâtonne, en homme honnête qui ne veut pas prononcer sans savoir ; il commence par l'essai loyal et il termine par l'adhésion définitive.

Ce ne sont pas là des révolutionnaires, apparemment, car nul ne proteste avec plus d'énergie contre la révolution. Et avec le général Chanzy, nous voyons venir à la République tous ceux de ses collègues qui la craignaient hier et qui en comprennent aujourd'hui la nécessité, tous ceux qui, en appelant le général Chanzy à les présider, lui ont conféré le mandat d'exprimer leur pensée commune.

Ces bons citoyens partagent, en effet, avec le président de la République, la noble ambition de relever la France et la conviction profonde que la République est l'unique moyen de cette résurrection. Cette conviction seule suffit à l'affermissement de la République, et les vrais patriotes, quels que puissent être d'ailleurs les regrets de leurs convictions particulières, ne doivent plus rien chercher désormais en dehors du gouvernement qui peut seul restaurer la France. Aussi bien, qu'ils se rassurent, ils n'auront pas donné en vain cette preuve d'abnégation patriotique. La République ne faillira pas à sa mission : soutenue par le dévouement de ceux qui aiment la France, elle affranchira le sol français, elle fermera toutes les blessures, elle réparera tous les malheurs. Et quand elle aura répondu ainsi à ce qu'on attend d'elle, nous n'hésitons pas à dire qu'elle sera impérissable, car elle se sera couverte d'un souvenir immortel, elle aura fait une œuvre que les générations n'oublieront pas.

Qu'elle doive la faire, si l'on en doute encore en France, l'Europe déjà n'en doute plus ; ce souci travaille l'Allemagne, et lorsque l'Allemagne provoque en faveur de la paix européenne une manifestation des puissances, c'est qu'elle cherche à prendre des gages contre les revendications qu'elle prévoit dans l'avenir, c'est qu'elle cherche à atténuer l'effet des sympathies qu'a rencontrées en Europe l'appel du crédit républicain. Et cette réponse des milliards à l'invitation de la République, cette marque de confiance que nulle monarchie n'a jamais obtenue, que nulle monarchie n'aurait pu obtenir, cette marque de confiance est d'autant plus remarquable qu'elle a été donnée à une République dont ses adversaires signalent incessamment le caractère provisoire ; c'est qu'instruite aujourd'hui par les révolutions désastreuses que les vices de la monarchie ont incessamment provoquées, l'Europe en est venue à reconnaître que la plus provisoire des Républiques est encore un gouvernement plus solide que la plus définitive des monarchies.

La République n'a pas à s'inquiéter, d'ailleurs, des précautions qu'on peut prendre contre elle. Quand elle aura rétabli la France dans ses conditions naturelles de force et de prospérité, les alliances lui viendront toutes seules. L'Europe, en effet, sent bien que la France est un élément nécessaire de la liberté générale, et le jour où elle sera convaincue que la République française, respectueuse du droit des nations, n'est un danger pour personne, elle sera heureuse de la voir en mesure d'être une protection pour tous.

CHAPITRE VI.

OU LA RÉPUBLIQUE IMITE L'EXEMPLE DE CE PHILOSOPHE DEVANT QUI L'ON NIAIT LE MOUVEMENT ET QUI SE MIT A MARCHER.

Les pages qui précèdent ont été écrites au cours d'une excursion rapide à travers les vallées alpestres. Commencées sur les bords du lac de Genève, à deux pas de Veytaux et de Glion, où Michelet et Quinet ont écrit tant d'œuvres éloquentes, à deux pas du château de Chillon, où Bonivard, martyr de la liberté génevoise, traîna pendant dix ans sa chaîne autour d'un pilier de pierre, et creusa dans la pierre du sol la trace de ses pas, elles ont été achevées au lac des Quatre-Cantons, entre le Rutli, où naquit la République suisse, et Morgarten, où elle gagna sa première bataille. Ces grands souvenirs, ces grands témoignages sont toujours là, et on les montre au voyageur avec une religion patriotique. Ici est le rocher à fleur d'eau sur lequel s'élança Guillaume Tell, en rejetant Gessler au milieu de la tempête ; plus loin, le chemin creux où il attendit le tyran au passage pour le percer de sa flèche. A cet enseignement du passé vient se joindre l'enseignement de l'heure présente. Si les Suisses du XIVe siècle montrent par quels traits de courage et de dévouement on conquiert la liberté, ceux du XIXe nous apprennent par quels actes de sagesse on la rend impérissable.

Dévouée à ses institutions républicaines sans en être esclave, la Suisse a su tout à la fois en assurer le mouvement progressif sans en compromettre la solidité, et, afin de prouver que ces institutions, pour donner les gages les plus sûrs à l'ordre, ont besoin non pas d'être jetées dans un moule unique, mais de se tenir en harmonie avec les désirs de l'opinion, elles les a conformées au génie particulier de ses populations diverses, donnant ainsi le grand exemple d'un grand établissement politique garanti par sa mobilité même et sa variété.

C'est là le vrai caractère de l'institution républicaine, quelle que soit, d'ailleurs, la forme particulière de l'institution, car rien n'empêche que le régime unitaire, tout comme le régime fédératif, se montre docile aux instances de l'opinion publique. Ce qui importe, c'est que la nation se sente incessamment en possession d'elle-même. Sûre alors du calme intérieur que nulle révolution ne menace, parce qu'elle est sûre de sa liberté, contre laquelle nulle monarchie ne conspire, elle peut se livrer sans inquiétude aux travaux de la paix, et consacrer au développement de la prospérité nationale cette activité féconde de l'intelligence que tant de peuples dépensent maladroitement en stériles préoccupations. Telle est cette grande petite Suisse : libre, unie, prospère, honorée, satisfaite, et résolvant sans effort, dans le plein exercice de sa liberté sage, le laborieux problème du progrès incessant dans la paix inaltérable.

En étudiant ce tableau, dont l'absolue fidélité nous est présente, pourquoi n'y verrions-nous pas, ô mes concitoyens, l'avenir même de notre chère patrie? Voici plus de quatre-vingts ans que nous vivons sous cet odieux régime de la monarchie tempérée par l'émeute; n'est-il donc pas temps de reléguer dans le domaine des choses historiques cette monarchie désormais sans prestige, impuissante à garantir l'ordre parce qu'elle est impuissante à fonder la liberté? La force physique et la force morale d'un peuple s'usent dans cet éternel combat. Il faut en sortir. Ce n'est pas une théorie plus ou moins vague, une spéculation plus ou moins douteuse qui s'impose à notre esprit, c'est la leçon vivante de l'expérience même, appuyée sur la réalité palpable : la Révolution est finie là où la République est faite.

INSTRUCTION RÉPUBLICAINE

SOCIÉTÉ DU PATRIOTE, 6, RUE Ste-CATHERINE-D'ENFER

Brochures à 5 centimes

N° 1. **Les Napoléon et les frontières de la France**, par Henri Martin, député de l'Aisne, 10 cent. avec la carte.

N° 2. **Le Filleul du pape**, par P. Joigneaux, député.

N° 3. **L'Empire et les municipalités**, par Pierre Lefranc, député des Pyrénées-Orientales.

N° 4. **Qui a voulu la guerre de 1870 ?** par Adolphe Michel, rédacteur du *Siècle*.

N° 5. **Les Finances du second Empire**, par Guichard, député de l'Yonne.

N° 6. **Ce que serait un nouvel Empire**, par H. Carnot, député de Seine-et-Oise.

N° 7. **La Guerre du Mexique**, par Taxile Delord, député de Vaucluse.

N° 8. **Ce qu'ont fait les bonapartistes**, par un Alsacien.

N° 9. **Aux Habitants des campagnes**, par le Dr Guyot, député du Rhône.

N° 10. **Ce qu'il faut entendre par les 18 années de prospérité de l'Empire**, p^r L. Journault, député de S.-et-Oise.

N° 11. **La Police impériale**, par Eug. Pelletan, député des Bouches-du-Rhône.

N° 12. **L'Empereur a-t-il été trahi ?** par Ch. Martin, rédacteur du *Siècle*, ancien colonel du 6e cuirassiers.

N° 13. **L'Empire et l'Opposition**, par Adolphe Michel.

N° 14. **L'Homme de Sedan**, par le même.

N° 15. **Aux conseillers municipaux des communes de France**, par Henri Martin, député de l'Aisne.

N° 16. **La Renaissance du bonapartisme**, par Jules Barni, député de la Somme.

N° 17. **La République et les affaires**, par Laserve, député de l'Ile-de-la-Réunion.

N° 18. **Hoche et Bonaparte**, p^r H. Martin, député de l'Aisne.

N° 19. **La Constitution** expliquée par un député à ses électeurs.

N° 20. **Projet de Cahier du Délégué de commune** aux élections sénatoriales, par Ch.-L. Chassin.

CONDITIONS DE PROPAGANDE : *Expédition en port dû.*
Brochures à 5 c. l'exemplaire, le 100............... 4 fr.
Brochure n° 1, avec carte, à 10 c. l'exempl., le cent. 8
Pour renseignements, s'adresser à M. MARAIS, 6, rue Sainte-Catherine-d'Enfer.

Paris. — Imp. Moderne (Barthier, d'), rue J.-J.-Rousseau, 61

BROCHURES D'INSTRUCTION RÉPUBLICAINE
à 15 centimes. (*Le port en sus.*)
EN VENTE

1. L'Instruction républicaine, par J. BARNI, député (4e édit.)
2. Les Paysans avant 89, par Eug. BONNEMÈRE (5e éd.).
3. La République c'est l'ordre, par D. ORDINAIRE (5e édition).
4. La Question militaire et la République, par R. FRANC.
5. Ce que disent les Bonapartistes, par A. HENRYOT (épuisé).
6. La vérité sur le Deux Décembre, par G. LASSEZ (épuisé).
7. Les Paysans après 1789, par E. BONNEMÈRE (3e édit.).
8. La Liberté organisée, par L. JOURNAULT, député de S.-et-O.
9. Les Prétendants et la République, par D. ORDINAIRE.
10. La fin des Révolutions par la République, par H. MAZE, ancien préfet des Landes (2e édit.).
11. Les Principes et les Mœurs de la République, par Jules BARNI.
12. Le Suffrage universel, par E. MILLAUD, député du Rhône.
13. Le Maître d'École, par E. BONNEMÈRE (2e édit.).

Ces publications ont obtenu une médaille d'argent en 1873 de la Société pour l'Instruction élémentaire.

14. Le Budget des trois monarchies et le Budget de la République, par G. HUBBARD (2e édit.)
15-16. Jacques Bonhomme, Histoire des Paysans français, par J. B. JOUANCOUX (première et deuxième parties). (2e éd.)
17. Hoche, par H. CARNOT, membre de l'Assemblée nationale.
18. Franklin, sa Vie et ses Œuvres, par L. François.
19. La vérité sur Sedan, par un Officier supérieur (7e édit.).
20. Ce que coûte un Empire, par GEORGE, député des Vosges (5e édit.).
21. Invasion IV, par Pre LEFRANC, député des Pyrénées-Orientales.
22. Les Décembriseurs, par Vor SCHOELCHER, député de la Martinique.
23. L'Appel au peuple, par Jules BARNI, député de la Somme.
24. L'Empire et la candidature officielle, par W. Gagneur, député du Jura.
25. Le Bonapartisme et l'ordre, par Garnier-Pagès.
26. Ce qu'on pensait de l'Empire à l'étranger, par Esquiros.
27. Le Gouvernement nécessaire par Jules Grévy.
28-29. La Conspiration bonapartiste, extraits de la déposition de M. le Préfet de Police devant la commission d'enquête sur l'élection de la Nièvre (1re et 2e parties).
30. Cléricaux et Bonapartistes, par P. Joigneaux, député de la Côte-d'Or.

POUR PARAITRE INCESSAMMENT :

D'autres écrits populaires par MM. N. LÉVEN, L. RIBERT, JOIGNEAUX, MARIO PROTH, CLAMAGERAN, EDGAR QUINET, DUSOLIER, E. SPULLER, LAURENT PICHAT, J. CAZOT, Frédéric MORIN, etc.

CONDITIONS DE PROPAGANDE
50 exemplaires . . . . . . 5 fr. 50
150 — 15
(*Le port en sus*).

Pour renseignements s'adresser à M. Aug. MARAIS, 6, rue Ste-Catherine-d'Enfer.

www.ingramcontent.com/pod-product-compliance
Lightning Source LLC
Chambersburg PA
CBHW061008050426
42453CB00009B/1322